Dieses Buch gehört:

Wir danken Jutta Over herzlichst
für die fachkundige Beratung.

Alle Tipps und Informationen in diesem Buch
sind sorgfältig ausgewählt und geprüft.
Dennoch können weder Autorin noch Verlag
eine Garantie übernehmen.
Eine Haftung für Personen-, Sach- und
Vermögensschäden ist ausgeschlossen.

ISBN 978-3-8157-4333-1
© 2007 Coppenrath Verlag GmbH & Co. KG, Münster
Text: Barbara Wernsing-Bottmeyer
Illustrationen: Katja Schmiedeskamp
Konzept und Redaktion: Annette Güthner
Alle Rechte vorbehalten, auch auszugsweise
Printed in China

www.coppenrath.de

Natur·Sach·Mach·Buch

Barbara Wernsing-Bottmeyer

Komm, entdecke den Wald!

Mit Bildern von Katja Schmiedeskamp

COPPENRATH

Hallo, Waldforscherin!
Hallo, Waldforscher!

Im Wald gibt es viel zu entdecken!
Welche Geheimnisse hat ein alter Baum?
Wie steuern Eichhörnchen bei ihren Sprüngen?
Und was passiert, wenn du ein „Rühr-mich-nicht-an"
doch anrührst? Antworten auf diese und andere Fragen
findest du in diesem Buch. Nimm es mit auf deine
Entdeckungsreise in den Wald!

Viele Bilder zeigen dir, wie es im Wald aussieht. Neben
den kniffligen Forscheraufgaben im Block vorne
bekommst du tolle Tipps, was du mit deinen Fundstücken
aus dem Wald anstellen kannst. Witzige Basteleien und
spannende Spiele lassen Langeweile gar nicht
aufkommen. Such dir einfach aus, was dich gerade
interessiert! Auf der Ausklappseite ganz hinten findest
du die wichtigsten Tiere und Pflanzen aus dem Wald
noch einmal versammelt.

Auf in den Wald und viel Spaß
beim Forschen!

Meine Ausrüstung

Für eine Entdeckungstour im Wald brauchst du natürlich die richtige Forscherausrüstung.

Für die Beobachtung in der Nähe ...

Grundausrüstung für den Wald

... und Ferne

Zum Schutz
Mit der Trillerpfeife kannst du im Notfall auf dich aufmerksam machen.

Für Notizen

Um alles zu verstauen

Um Fundstücke mitzunehmen

Mein Besuch im Wald

Hier kannst du alles Wichtige zu deinem Besuch im Wald aufschreiben, aufmalen und einkleben.

Mein Name: _____

Mein Alter: _____

Meine Begleiter: _____

Notiere hier die Namen deiner Begleiter oder klebe ein Bild von deiner Forschergruppe ein!

Mein Besuch im Wald (Datum, Ferien):

_____

Welcher Wald: _____

Hier hast du Platz, um ein Bild
von deinem spannendsten
Erlebnis zu malen.

Der Wald

Ein Wald besteht aus vielen Bäumen und anderen Pflanzen. Kleine und große Waldtiere ernähren sich von den Pflanzen. Die Tiere helfen dabei, dass die Pflanzen wachsen und sich vermehren können. So ist der Wald eine große Lebensgemeinschaft.

In einem Laubwald wachsen Bäume, die im Sommer Blätter tragen. Das sind vor allem Buchen, Eichen und Ahornbäume. Im Winter ist ein Laubwald kahl.

Nadelwälder sind auch im Winter grün. Denn die meisten Nadelbäume behalten ihre Nadeln, selbst wenn es kalt wird. In einem Nadelwald findest du Kiefern, Fichten, Tannen und Lärchen.

Waldforscher-Block

Hallo, Waldforscherin!
Hallo, Waldforscher!

Hier im Block findest du viele spannende
Forscheraufgaben.
Dazu gehören Aufträge zum Entdecken,
Sammeln und Bestimmen,
Versuche, für die du etwas Geduld brauchst,
Malaufgaben, Rätsel und mehr.
Halte deinen Stift bereit!
Viel Spaß!

Die falsche Ausrüstung

Einige Dinge können die Kinder im Wald nicht
brauchen. Welche sind es? Kreise die falschen
Sachen ein!

Wald-Hörspiel

Schließe einmal die Augen und lausche!
Hörst du den Wind in den Blättern rauschen?
Was hörst du noch? Kreuze an! Vielleicht gibt es
ja noch mehr Geräusche im Wald? Male ein Bild
in den Rahmen!

Blattkonturen

Suche dir ein großes Ahornblatt und schau es dir genau an! Siehst du, wie die Blattadern verlaufen? Versuche, die Adern in das Ahornblatt auf dieser Seite einzuzeichnen!

Waldtiere

Guck doch mal, ob du diese Tiere finden kannst!
Schau sie dir genau an!

Waldameise

Wann entdeckt? _____

Wo entdeckt? _____

Specht

Wann entdeckt? _____

Wo entdeckt? _____

Eichhörnchen _____

Wann entdeckt? _____

Wo entdeckt? _____

Konntest du alle Tiere entdecken?
Toll! Du bist ein echter Waldtier-Experte!

Was gehört wozu?

Einen Baum kannst du an seinen Blättern oder Früchten erkennen. Was gehört jeweils zusammen? Verbinde richtig!

Rindenmuster

Die Rinde ist bei manchen Bäumen glatt. Bei anderen ist sie dick, rau und rissig. Jede Baumart hat ihr eigenes Rindenmuster. Suche dir verschiedene Bäume und vergleiche! Kannst du für jeden Baum das Rindenmuster aufmalen und beschreiben?

Fichte
Die Rinde ist _____ .

Buche
Die Rinde ist _____ .

Eiche
Die Rinde ist _____ .

Waldpflanzen

Guck doch mal, ob du diese Pflanzen finden kannst! Schau sie dir genau an!

Springkraut

Wann entdeckt? _____

Wo entdeckt? _____

Preiselbeere

Wann entdeckt? _____

Wo entdeckt? _____

Fliegenpilz

Wann entdeckt? _____

Wo entdeckt? _____

Hast du alle Pflanzen entdeckt?
Super! Du bist ein richtiger Waldpflanzen-Experte!

Die vier Jahreszeiten im Wald

Hier siehst du viermal die gleiche Waldland-
schaft. Male die vier Bilder so an, wie es im
Frühling, Sommer, Herbst und Winter dort
aussehen könnte!

Amalie Ameise

Amalie Ameise möchte zurück in den Ameisenhaufen. Doch überall lauern Gefahren. Zeigst du Amalie den Weg? Male ihn mit deinem Stift auf!

Im Wald

Schau dich einmal genau um,
wenn du im Wald bist! Da gibt es viele Dinge,
Tiere und Pflanzen mit ganz unterschiedlichen
Eigenschaften. Schreibe oder male auf, was
du im Wald entdeckt hast!

Suche ...   Das habe ich gefunden:

... etwas Schweres! _____

... etwas Rundes! _____

... etwas sehr Kleines! _____

... etwas, das fliegt! _____

... etwas Glattes! _____

... etwas Gelbes! _____

... etwas Spitzes! _____

Im **Bergwald** wachsen Nadelbäume,
die auch längere Kälte aushalten können.
Dazu gehören Tannen und Lärchen.

Ein Wald, in dem
Laubbäume und
Nadelbäume wachsen,
wird **Mischwald**
genannt.

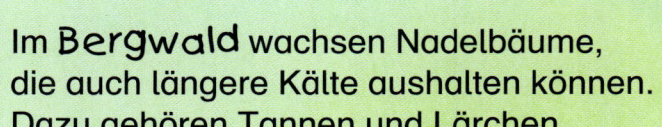

Aktionskasten „Wald-Memory"

Sammle doch mal die Zutaten für ein Wald-Memory!
Dazu brauchst du Paare, also immer zwei Stück von einer
Sorte: zum Beispiel zwei Blätter, zwei Zapfen, zwei Nüsse
oder zwei Federn. Suche mindestens zehn Pärchen! Für
das Spiel versteckst du alle Fundstücke unter Pappbechern
und mischst sie gut durch. Die Spielregel geht wie beim
Bilder-Memory. Wer findet die meisten Pärchen?

Bäume

Äste und Zweige mitsamt den Blättern bilden die Baumkrone. Die Krone gibt dem Baum eine bestimmte Form: kugelrund oder spitzkegelig. Um möglichst viel Sonnenlicht einzufangen, recken die Waldbäume ihre Kronen in die Höhe.

Krone

Stamm

Wurzeln

Mit den Wurzeln verankern sich die Bäume fest im Waldboden. Manche Wurzeln reichen tief hinab, andere wachsen in die Breite. Außerdem versorgen sich die Bäume über ihre Wurzeln mit Wasser und Nährstoffen.

Der Baumstamm hat viele Schichten.
Jede hat dabei eine eigene Aufgabe.

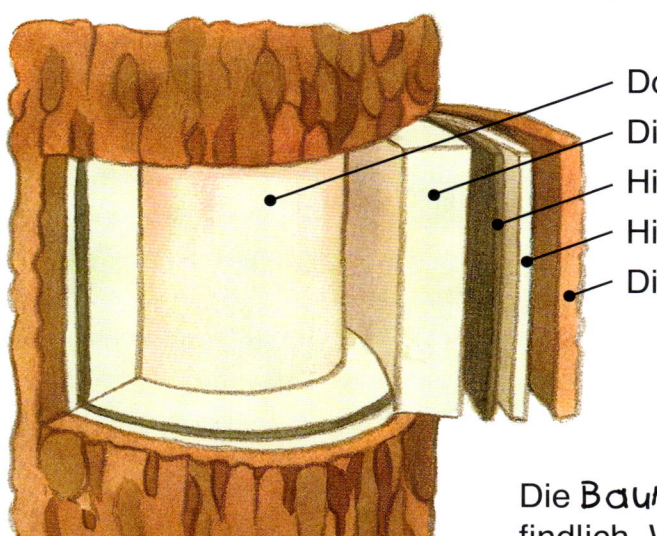

Das Kernholz stützt den Baum.
Dies ist die Wasserleitung.
Hier wächst der Baum.
Hier fließt die Nahrung.
Die Borke schützt den Baum.

Die Baumrinde ist sehr empfindlich. Wenn sie beschädigt wird, „blutet" der Baum. Mit klebrigem Harz kann der Baum seine Wunden verschließen und sich außerdem gegen Schädlinge schützen.

Aktionskasten „Baumharz"

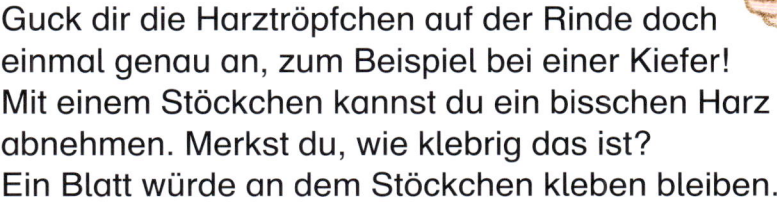

Guck dir die Harztröpfchen auf der Rinde doch einmal genau an, zum Beispiel bei einer Kiefer!
Mit einem Stöckchen kannst du ein bisschen Harz abnehmen. Merkst du, wie klebrig das ist?
Ein Blatt würde an dem Stöckchen kleben bleiben.

Ein Baum wächst

Bäume brauchen zum Leben Sonnen-
licht, Luft, das Blattgrün der Blätter,
Wasser und Nährstoffe. Aus diesen
Zutaten stellen die Bäume einen nahr-
haften Zuckersaft her. Nebenbei entsteht
Sauerstoff, den wir zum
Atmen brauchen.

Bäume sind die
größten Pflanzen der
Erde. Bei uns werden
die höchsten Bäume
etwa 40 Meter hoch.
Aber Bäume wachsen
nicht nur in die Höhe,
sondern auch in die
Breite. In einem Jahr
kann ein Baum etwa zwei
Zentimeter an Umfang
zunehmen.

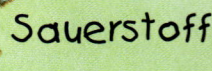

Sauerstoff

Jedes Jahr wächst unter
der Baumrinde neues Holz.
Im Frühjahr ist es hell,
im Sommer und Herbst
dunkel. Im Winter
ruht der Baum.
Ein heller und ein
dunkler Ring gehören immer
zusammen. Sie bilden einen
Jahresring. Bei einem gefällten
Baum kannst du an den
Jahresringen abzählen, wie
alt der Baum geworden ist.

Aktionskasten „Der Opa-Baum"

Suche im Wald einen
Baum, dessen Stamm
du gerade noch,
also Fingerspitze
an Fingerspitze,
umfassen kannst!
Stell dir mal vor:
Dieser Baum ist
ungefähr so alt
wie dein Opa!

Holz aus dem Wald

Aus den Wäldern bekommen wir unser Holz. Der Förster entscheidet, welche Bäume gefällt werden. Neue, junge Bäumchen werden gepflanzt, um die gefällten Bäume zu ersetzen.

Die gefällten Bäume werden von Ästen und Zweigen befreit. Waldarbeiter stapeln die Stämme am Wegrand, bis sie abtransportiert werden. Im Sägewerk werden die Stämme in Bretter oder Balken zersägt, gelagert und getrocknet.

Bäume wachsen nur sehr langsam. Ein gesunder Laubbaum wird spätestens nach 150 Jahren geschlagen, ein Nadelbaum spätestens nach 100 Jahren. Eigentlich könnten die Bäume viel älter werden.

Aus Holz werden die unterschiedlichsten Dinge hergestellt.

Musikinstrumente

Bleistifte

Papier

Spielsachen

Möbel

Aktionskasten „Kleine Rindenboote"

Da, wo Bäume gefällt wurden, kannst du sicher viele Rindenstücke finden. Baue dir daraus kleine Rindenboote und lasse sie im Waldbach ein Rennen austragen!

Im Laubwald

Im Frühjahr brechen aus den Knospen der Laubbäume neue Blätter hervor. Mithilfe des Blattgrüns stellen die Bäume ihre Nahrung her, die sie zum Wachsen brauchen. Bald wird es schattig im Laubwald. Über die Blätter verdunstet viel Wasser. Deshalb ist es im Sommer im Wald stets kühl und feucht.

Im Herbst hören die Bäume auf, Nahrung herzustellen. Die Blätter verlieren ihre grüne Farbe, färben sich bunt und fallen schließlich vom Baum. So überstehen die kahlen Laubbäume die winterliche Kälte.

Aktionskasten „Blatt-Papier"

Sammle Blätter von verschiedenen Laubbäumen! Mit den Blättern kannst du tolles Geschenkpapier drucken. Hier siehst du, wie das geht.

Eiche

Ahorn

Rotbuche

Im Nadelwald

Nadelbäume sind auch im Winter grün.
Ihre Blätter sind harte und spitze Nadeln,
die Kälte und Trockenheit gut aushalten
können. Im Frühjahr bekommen die Nadelbäume junge Triebe. Die alten Nadeln
fallen erst nach mehreren Jahren ab.

Fichtennadeln sind
vierkantig und auf allen
Seiten grün. Die Nadeln
sitzen auf kleinen Höckern
und stehen nach allen
Seiten vom Zweig ab.
Kahle Fichtenzweige sind
rau wie eine Raspel.

Aktionskasten „Kiefernnadel-Pärchen"

Schau dir ein Kiefernnadel-Pärchen einmal genauer an!
Die beiden Nadeln schmiegen sich mit einer flachen Seite
aneinander. Trenne das Pärchen und klebe die Nadeln hier
– mit der flachen Seite nach unten – wie einen Fächer ein!

Tannennadeln sind breit und flach.
An ihrer Unterseite haben sie zwei
helle Streifen. Die Nadeln sitzen mit
kleinen Stielchen am Zweig und
stehen nach rechts und links ab.

Nur die **Lärche** wirft
im Herbst ihre Nadeln ab.
Im Frühjahr bilden sich
neue Büschel mit zarten,
hellgrünen Nadeln.

Die Nadeln der **Kiefer** sind
sehr lang und schmal. Sie
stehen häufig paarweise
beieinander.

19

Früchte und Samen

Bäume vermehren sich über Samen.
Bei der Verbreitung der Samen lassen
sich viele Bäume vom Wind helfen. Die
Samen, die vom Wind verbreitet werden,
reifen in Früchten heran, die gut fliegen
können: Diese Früchte haben Flügel,
Propeller oder Fallschirme.

Haselnüsse

Eicheln

Bucheckern

Eicheln und Bucheckern sind zu
schwer zum Fliegen. Sie plumpsen
auf den Waldboden und sind bei
ihrer Verbreitung auf die Tiere
angewiesen. Viele Waldtiere
sammeln in Verstecken
Futtervorräte für den Winter an.
Manche Vorräte, zum Beispiel
Nüsse, werden von den Tieren
aber vergessen. So können die
versteckten Samen im Frühling
keimen und zu neuen
Pflänzchen heranwachsen.

Wie Hubschrauber wirbeln **Ahornsamen** durch die Luft.
Du kannst sie dir als „Hörnchen" auf die Nase setzen.

Aktionskasten „Familie Eichel"

Mit Eicheln und Bucheckern, mit ihren Fruchtbechern,
mit Borken und Blättern kannst du die lustigsten Figuren
herstellen. Hier ein paar Beispiele! Bestimmt hast du
selbst auch viele tolle Ideen!

Holzige Zapfen

Tannenmeise

Tannenzapfen

Fichtenzapfen

Fichtenzapfen hängen am Zweig. Ihre Schuppen liegen dicht an. Die langen Zapfen fallen nach der Reife als Ganzes ab.

Nadelbäume bilden holzige Zapfen. Darin reifen Samen mit kleinen „Flügeln" heran. Bei feuchtem Wetter sind die Zapfenschuppen dicht geschlossen. So werden die Samen gut geschützt. Ist das Wetter warm und trocken, öffnen sich die Schuppen. Dann können die Samen aus den Zapfen herausfallen und mit dem Wind davonfliegen.

Die Zapfen einer **Kiefer** sind eiförmig. Sie fallen ab, wenn die Samen ausgestreut sind.

Kiefernzapfen

Tannenzapfen
stehen wie Kerzen
aufrecht am Zweig.
Nach der Reife zerfallen
die Zapfen am Baum.
Nur die kahle Spindel
in der Mitte bleibt
zurück.

Die kleinen, rundlichen
Lärchenzapfen bleiben
oft noch Jahre am Baum.
Du kannst sogar abgefallene
Lärchenzweige finden,
an denen noch Zapfen
festsitzen.

Lärchenzapfen

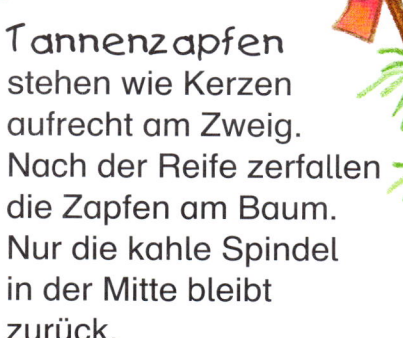

Aktionskasten „Schuppen schließen"

Willst du dir anschauen, wie die Kiefer ihre Samen
vor schlechtem Wetter schützt?
Lege dazu einen großen,
abgefallenen, trockenen
Kiefernzapfen ins Wasser!
Nach etwa einer Stunde sind
die Schuppen geschlossen. Beim
Trocknen in der Sonne öffnen sich
die Schuppen schnell wieder.

Krabbeltiere

Maikäfer

Auf dem Waldboden, in den Blättern und unter der Borke der Bäume krabbeln viele kleine Tiere umher. Einige sind nützlich für den Wald, andere richten großen Schaden an.

Maikäfer kommen im Frühjahr aus der Erde.

Borkenkäfer

Die Larven der **Borkenkäfer** bohren Gänge unter der Rinde und unterbrechen so die Versorgungsleitungen des Baumes. Sind die Fraßgänge wie die Zeilen eines Buches angeordnet, war der „Buchdrucker", ein Borkenkäfer, am Werk. Borkenkäfer werden in Duftfallen gefangen. Die Fallen enthalten den Duft, mit dem die Weibchen die Männchen anlocken.

24

Hirschkäfer sind die größten Käfer bei uns. Der Oberkiefer der Männchen sieht wie ein Geweih aus. Damit kämpfen die Männchen um die Weibchen.

Aktionskasten „Ameisen-Straßenverkehr"

Zu einem Ameisenhaufen führen viele „Ameisenstraßen". Schau dir so eine Straße durch deine Lupe doch einmal genau an! Welch ein Gekrabbel!
Wohin laufen die Ameisen? Was transportieren sie? Und wie überwinden sie ein Hindernis? Als Wegweiser benutzen die Ameisen eine Duftspur. Was passiert, wenn die Spur unterbrochen wird?

Die **roten Waldameisen** vertilgen eine Menge Insekten, vom Waldboden bis hinauf in die Baumwipfel. Sie leben zu mehreren 100 000 in Ameisenhügeln aus Fichtennadeln. Oft findest du die Hügel durch ein Drahtgitter gesichert. So wollen die Förster die Waldameisen vor hungrigen Spechten schützen.

Kleine Waldtiere

Viele kleine Waldtiere gehen erst in der Dämmerung oder bei Nacht auf Nahrungssuche. Sie müssen sehr leise sein, um nicht von größeren Tieren erbeutet zu werden.

Hoch in den Bäumen bauen die Eichhörnchen ihre kugeligen Nester. So ein Nest heißt Kobel. Eichhörnchen sind tagsüber unterwegs. Sie sammeln Früchte und Samen als Vorrat für den Winter. Bei einem Sprung von Baum zu Baum steuert das Eichhörnchen mit seinem Schwanz.

Eichhörnchen

Waldspitzmäuse sind sehr gefräßig. Tag und Nacht suchen sie nach Nahrung. Spitzmausfamilien ziehen in Karawanen durch den Wald. Dabei halten sie sich mit den Zähnen aneinander fest.

Waldspitzmäuse

26

Fledermäuse können im Flug Insekten und Käfer fangen. Tagsüber hängen sie in Baumhöhlen mit dem Kopf nach unten und schlafen. Fledermäuse können sehr gut hören.

Fledermaus

Aktionskasten
„Fledermaus und Nachtfalter"
(für drei und mehr Spieler)

Ein Kind ist die „Fledermaus" und bekommt die Augen verbunden. Alle anderen Kinder sind „Nachtfalter". Sie laufen herum und rufen leise immer wieder „Nachtfalter". Die „Fledermaus" muss versuchen, möglichst viele „Nachtfalter" zu fangen.

Waldmäuse sind Einzelgänger. Sie können gut klettern und weit springen. Die größten Feinde der Waldmäuse sind Marder und Eulen.

Waldmaus

Moose und Farne

Im Unterholz wachsen Schattenpflanzen wie die Moose und Farne. Sie brauchen nur wenig Licht zum Leben.

Wurmfarn

Adlerfarn

Weißmoos

Purpurmoos

Moose sind kleine, immergrüne Pflänzchen. In Nadelwäldern wachsen sie am Boden. In Laubwäldern suchen sie sich einen geschützten Platz an Baumstämmen oder auf Steinen. Denn unter einer Laubschicht würden die Moose ersticken. Moose können dicke Polster bilden und darin wie ein Schwamm viel Wasser speichern.

Aktionskasten „Adlerfarn"

Suche nach dem Wedel eines Adlerfarns! Wenn du den Blattstiel vorsichtig (!) durchschneidest, kannst du im Schnitt einen „Adler" mit ausgebreiteten Schwingen erkennen. Lass dir beim Durchschneiden am besten von einem Erwachsenen helfen!

Frauenfarn

Farne gab es schon zur Zeit der Dinosaurier. Du findest Farne an feuchten und schattigen Plätzen. Farne haben keinen Stamm, sondern Wedel, die direkt aus der Erde wachsen. Oft bilden die Wedel einen Trichter. Auf der Unterseite der Farnwedel kannst du braune Punkte entdecken. Das sind kleine Behälter für die Sporen, eine Art Samen. Bei jeder Farnart sind die Sporenbehälter anders angeordnet.

Rippenfarn

29

Pilze

Pilze bestehen aus einem unterirdischen Geflecht von Fäden. Was du im Herbst im Wald findest, sind nur die Fruchtkörper der Pilze. Sie enthalten die Sporen, mit denen sich die Pilze vermehren.

Manche Pilze wie die Speisetäublinge oder Fliegenpilze gehen mit bestimmten Waldbäumen Partnerschaften ein. Sie wachsen zwischen den Wurzeln der Bäume und helfen ihnen, Wasser aus dem Boden zu saugen. Dafür bekommen die Pilze von den Bäumen Nährstoffe zurück.

Vorsicht! Viele Pilze sind giftig! Nur wer sich genau auskennt, kann giftige und ungiftige Pilze voneinander unterscheiden. Lass deshalb besser die Finger von allen Pilzen! Schau dir nur an, wo und wie sie wachsen!

Stockschwämmchen

Speisetäublinge

Fliegenpilze

Es gibt auch Pilze, die Bäume schädigen. Sie zapfen Nährstoffe ab, ohne dem Baum dafür etwas zurückzugeben. Beispiele für solche Pilze sind **Zunderschwamm** und **Hallimasch**.

Zunderschwamm

Andere Pilze wie die **Stockschwämmchen** verarbeiten die Reste abgestorbener Pflanzen und Tiere zu neuer Erde, dem Humus.

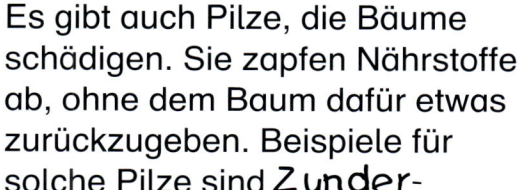

Hallimasch

Aktionskasten „Speisepilz"

Einen vollkommen ungiftigen Pilz kannst du dir ganz einfach zubereiten. Schneide von einem hart gekochten Ei unten so viel ab, dass es aufrecht stehen kann! Höhle dann eine Tomatenhälfte etwas aus, sodass sich der Hut auf das Ei setzen lässt! Drücke zuletzt einige Tupfen Majonäse auf den Hut! Na, welchem Pilz sieht dein „Tomatenpilz" ähnlich?

31

Kleine Waldvögel

Viele Vögel des Waldes sind gute Kletterer.
Dabei laufen sie in Spiralen die Bäume
hinauf oder hinunter. Mit ihren
spitzen Schnäbeln picken sie
Insekten aus der Baumrinde.

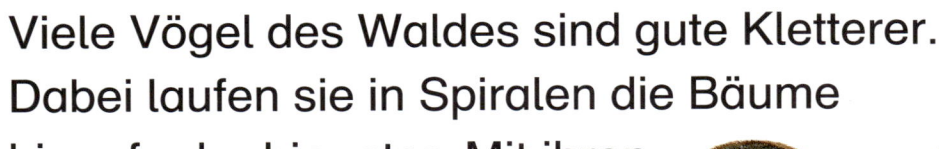

Specht

Wenn Spechte in der Baumrinde
Insekten entdecken, meißeln sie die
Rinde auf. Mit ihrer langen, klebrigen
Zunge holen sie dann die Beute
hervor. Das Hämmern der Spechte
ist nicht zu überhören. Spechte fliegen
in Wellenlinien durch den Wald.

Kleiber

Der Kleiber klettert wie ein Specht
den Stamm hinauf. Aber er ist der
einzige Vogel, der auch kopfüber
wieder hinunterklettern kann.

Baumläufer

Auch der **Baumläufer** sucht mit seinem spitzen Schnabel die Baumrinde nach Insekten ab. Dabei stützt er sich mit den Schwanzfedern am Baum ab.

Der **Eichelhäher** warnt andere Tiere mit „rätschenden" Rufen. Er frisst Raupen, Würmer und Vogeleier und sammelt Früchte als Wintervorrat.

Eichelhäher

Aktionskasten „Eichelhäher-Feder"

Am Waldboden findest du manchmal kleine, blau-schwarz gestreifte, wunderschöne Federn vom Eichelhäher. Klebe so eine Feder hier ein!

Wo gefunden? _____

Wann gefunden? _____

Eulen und Greifvögel

Eulen jagen lautlos in der Nacht. Ihr feines Gehör hilft ihnen dabei. Die großen Augen der Eulen sind nach vorn gerichtet. Wenn die Eulen zur Seite schauen wollen, müssen sie den Kopf drehen.

Greifvögel jagen am Tag. Sie haben sehr scharfe Augen. Ihre Beute packen Greifvögel mit den Klauen und zerreißen sie dann mit ihrem gebogenen Schnabel.

Der **Mäusebussard** lauert gern von einem hohen Sitzplatz am Waldrand aus auf Beute. Sein Nest, den Horst, baut er hoch oben in den Bäumen des Waldes.

Habichte können zwischen den Bäumen und dicht über dem Boden fliegen. Sie fangen Vögel soga aus deren Nest heraus.

Waldkauz

Mäuse-bussard

Habicht

34

Der **Waldkauz** schläft tagsüber auf einem Ast. Sein Nest baut er in eine Baumhöhle.

Die **Waldohreule** trägt Federohren. Sie jagt vor allem Mäuse. Ihr Ruf ist ein dumpfes „huh".

Waldohreule

Aktionskasten „Eulenbilder-Sammlung"

Hier kannst du alle möglichen Bilder von Eulen einkleben, zum Beispiel Briefmarken, Sticker oder ausgeschnittene Bilder aus Zeitschriften. Vielleicht hast du ja auch einen Eulen-Stempel. Oder du malst einfach dein eigenes Bild von einer Eule.

Bunte Waldblumen

Im Frühjahr gelangt das Sonnenlicht noch bis zum Waldboden hinab. Viele kleine Blumen nutzen diese Zeit und blühen sehr früh. Haben die Laubbäume erst ihre Blätter bekommen, wird es dunkel im Wald. Dann blühen im Unterholz die Schattenpflanzen.

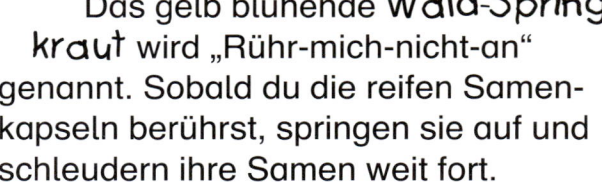

Das gelb blühende Wald-Springkraut wird „Rühr-mich-nicht-an" genannt. Sobald du die reifen Samenkapseln berührst, springen sie auf und schleudern ihre Samen weit fort.

Kleine Buschwindröschen zaubern im Frühling einen weißen Blütenteppich auf den Waldboden. Sie blühen besonders früh und geben Insekten Nahrung.

Der Waldmeister hat kleine, weiße Blütensternchen. Er wächst vor allem in Laubwäldern. Die Pflanze duftet stark. Sie wird als Aroma für Limonaden und Speiseeis verwendet.

Aktionskasten „Blumen pressen"

Pflücke nur eine einzige Blume! Lege sie zwischen zwei Löschblätter und presse sie anschließend in der Blumenpresse oder unter einem dicken Buch! Es dauert gut acht Tage, bis die Blume ganz trocken ist.
Dann kannst du sie hier einkleben.

Scharbockskraut

Sauerklee

Leberblümchen

Waldveilchen wachsen in Laub- und Nadelwäldern. Sie haben violette Blüten. Die Samen der Veilchen werden von Ameisen verbreitet.

37

Beerensträucher

Im Wald wachsen viele Sträucher, die im Herbst saftige Beeren tragen. Schau dir die Beeren an, aber überlasse sie den Waldtieren!

An Waldlichtungen findest du häufig große Holundersträucher. Viele kleine, zuerst grüne, dann schwarze Holunderbeeren reifen an roten Stielchen heran.

Die niedrigen Preiselbeersträucher behalten ihre glänzenden Blätter auch im Winter. Weiße Blüten hängen in Trauben beieinander. Die reifen Preiselbeeren sind rot.

Achtung, Verwechslungs- und Ansteckungsgefahr!
Iss keine Beeren aus dem Wald! Sie könnten giftig, verschmutzt oder mit Krankheitserregern verseucht sein.

Aktionskasten „Blaubeer-Pfannkuchen"

Für 2 bis 3 leckere Blaubeer-Pfannkuchen brauchst du:

1 Schale Blaubeeren

1 Ei

100 g Mehl

1/4 L Milch

1 Prise Salz

Wasche die Blaubeeren, die du auf dem Markt gekauft hast, gründlich! Verquirle alle Zutaten für den Teig miteinander! Erhitze etwas Öl in einer Pfanne und gieße eine Kelle voll Pfannkuchenteig hinein! Streue nun einige Blaubeeren darauf! Backe den Pfannkuchen von beiden Seiten goldgelb! Nimm ihn aus der Pfanne und zuckere ihn! Wer hat nach dem Essen die blaueste Zunge?

Brombeeren

Heidelbeeren wachsen vor allem in Nadelwäldern. Vögel und kleine Säugetiere fressen die blauen Beeren besonders gern.

Raubtiere im Wald

Im Wald gibt es auch Raubtiere mit scharfen Zähnen. Die Raubtiere jagen kleinere Tiere und fressen sie.

Füchse jagen allein bei Nacht. Scharfe Augen, gute Ohren und eine feine Nase helfen ihnen, ihre Beute zu beschleichen. Füchse fangen hauptsächlich Mäuse und Kaninchen. Sie fressen aber auch Vogeleier und Früchte. Die meiste Zeit des Tages schlafen sie in ihrem unterirdischen Bau. Ein Fuchsbau hat immer mehrere Ausgänge.

Der Iltis kann bei Gefahr eine stinkende Flüssigkeit absondern. Deshalb wird er auch „Stänker" genannt.

Baummarder sind geschickte Kletterer. Sie jagen Eichhörnchen.

Wiesel wohnen oft in Holzhaufen und fressen vor allem Mäuse.

Dachse sind am Kopf schwarz-weiß gestreift und haben große Grabefüße mit langen Klauen. Sie kommen erst in der Dämmerung aus ihrem Bau. Dachse sind Allesfresser. Besonders gern mögen sie den Honig von wilden Bienen. Das rauhaarige Fell schützt die Dachse vor Bienenstichen.

Aktionskasten „Fuchsjagd"
(für drei und mehr Spieler)

Jeder „Fuchs" bekommt ein Taschentuch als Schwanz zur Hälfte hinten in die Hosentasche gesteckt. Nun muss jeder „Fuchs" versuchen, einem anderen „Fuchs" das Tuch zu entreißen und dabei das eigene nicht zu verlieren. Wer kein Tuch mehr hat, ist raus.

Große Waldtiere

Rehe und Hirsche sind Pflanzen-
fresser. Nur die Männchen
tragen Geweihe. Jedes
Jahr werden die
Geweihe abge-
worfen und neu
gebildet.

Rothirsche leben in kleinen
Rudeln. Sie werden von einer
Hirschkuh angeführt.
Im Herbst hallt das „Röhren"
der Männchen durch den Wald.
Mit ihren mächtigen Geweihen
kämpfen die Männchen um
die Weibchen.

Aktionskasten „Anpirschen"

Die meisten Waldtiere sind sehr scheu. Sobald sie dich hören oder riechen, fliehen sie. Versuche, dich wie ein Großwildjäger anzupirschen, wenn du zu einer Lichtung kommst! Sei ganz leise und achte darauf, dass der Wind von vorne kommt! Vielleicht entdeckst du mit deinem Fernglas ja ein paar Waldtiere!

Rehe sind viel kleiner als Hirsche. An ihrem Hinterteil leuchtet ein weißer Fleck. Dieser Fleck wird Spiegel genannt und hilft den Tieren, auf der Flucht zusammenzubleiben.

In der Dämmerung streifen **Wildschweine** in kleinen Rotten umher. Mit ihrer Rüsselschnauze durchwühlen sie Laub und lockere Erde nach Wurzeln, Früchten und Würmern. Wildschweine sind sehr angriffslustig, vor allem wenn sie Junge bei sich haben.

Spuren im Wald

Auch wenn du nicht alle Tiere
im Wald zu Gesicht bekommst:
Spuren von ihnen findest du überall.
Schau dich einmal genau um!

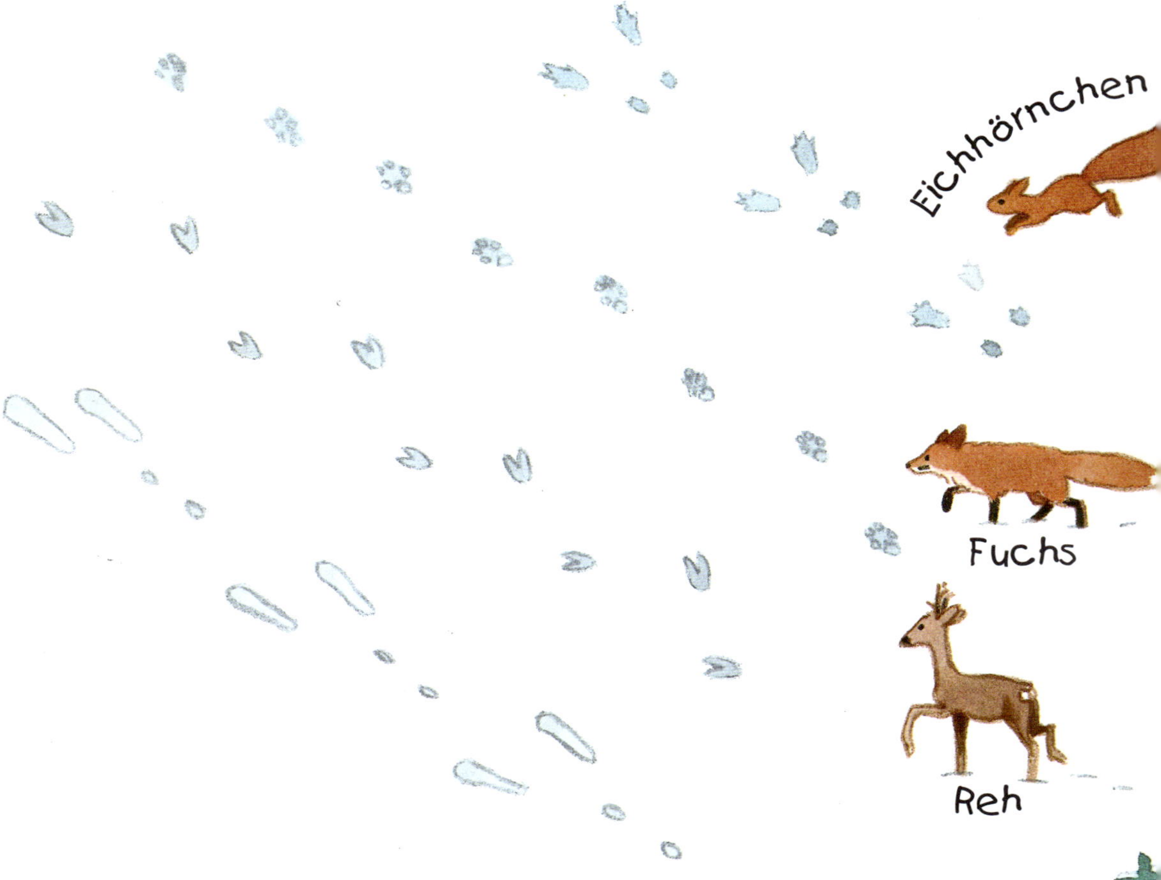

Eichhörnchen

Fuchs

Reh

An **Fährten** von Tieren kannst
du erkennen, wer durch den Wald
gelaufen ist. Eine Fährte besteht immer
aus mehreren Abdrücken hintereinander.

Hase

Aktionskasten „Gallapfel untersuchen"

Auch winzige Tiere hinterlassen ihre Spuren. Kleine Gallen auf Eichen- und Buchenblättern verraten dir, dass hier Gallwespen und Gallmücken ihre Eier abgelegt haben.

Hast du ein Blatt mit einem Gallapfel gefunden? Dann öffne ihn vorsichtig mit deinem Fingernagel und schau mit deiner Lupe hinein! Kannst du die kleine Larve erkennen, die darin wohnt?

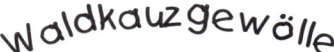

Waldkauzgewölle

Greifvögel und Eulen verschlingen ihre Beute ganz. Nahrungsreste, die die Tiere nicht verdauen können, speien sie als Gewölle wieder aus.

Leere Nussschalen verraten dir, wer die Kerne gefressen hat.

Waldmaus **Eichhörnchen**

Ein Haufen mit Zapfen unter einem Baum deutet auf eine „Spechtschmiede" hin. Spechte klemmen Zapfen in Baumspalten oder Astgabeln ein, um sie besser nach Nahrung abklopfen zu können.

Waldforscher-Regeln

Ein richtiger Waldforscher kennt und beachtet natürlich die wichtigsten Waldforscher-Regeln. Sie dienen deiner Sicherheit und der Erhaltung der Natur.

Hinterlass keinen Müll im Wald!

Bleibe im Wald immer in Sichtweite deiner erwachsenen Begleiter!

Vorsicht! Lass dich nicht von der Dunkelheit, von Gewitter oder Sturm überraschen!